Nounou renard

Titre original :
Nanny Fox

Publié avec l'aimable autorisation de
Orion Children's Books, Ltd.,
a division of The Orion Publishing Group Ltd., of Orion House

Pour Rosemary

Loi n°49-956 du 16 juillet 1949
sur les publications destinées à la jeunesse : janvier 1996.

ISBN : 2-266-06531-9
Dépôt légal : janvier 1996
Imprimé en France par Pollina, 85400 Luçon - n° 68670 - B

Georgie Adams

Nounou renard

Traduit de l'américain
par Clémence Armand

Adaptation de Pascale Berthier

Illustrations de Selina Young

POCKET

Antoine aimait les poules.

Non pas pour les manger, mais purement et simplement d'amour.

Il passait des heures à les regarder picorer par-ci, becqueter par-là, et pondre leurs œufs dans tous les coins du poulailler.

De toutes les poules, Madame Piquegrain était la plus bruyante. À l'heure du goûter, ébouriffant ses plumes, elle voletait en tous sens pour chaparder aux autres poules les miettes les plus savoureuses. *Pic, pic, poc.*

Antoine adorait se cacher pour regarder éclore les œufs. Il entendait un doux *toc toc toc*. Puis... *Crac* ! L'une après l'autre, les coquilles se brisaient et de minuscules poussins jaunes apparaissaient en titubant.

Ils étaient bien trop mignons pour être mangés.

La famille d'Antoine n'était pas de cet avis.

– Les poules sont faites pour être mangées, disait Maman Renard en servant une grosse poule pour le dîner.

– C'est une tradition, ajoutait Papa Renard en savourant une cuisse bien juteuse.

– Et un vrai régal ! s'écriait Lucie, la sœur d'Antoine.

– Vas-y, goûte ! suggérait son frère Denis.

– Merci, mais je préfère les sandwichs au beurre de cacahuètes, répondait Antoine.

Papa Renard était perplexe.

— Manger des poules, c'est ce que les renards savent faire de mieux, disait-il.

— Et on s'amuse bien à les attraper ! s'exclamait Maman Renard.

Pendant des semaines, Maman Renard avait appris à ses enfants comment ramper la nuit à travers bois, se faufiler jusqu'au poulailler, se glisser par une ouverture…
et s'emparer d'une ou deux poules endormies.

Avant même que le fermier ne soit sorti de son lit, les voleurs étaient déjà bien à l'abri avec leurs proies. Le pauvre Antoine était horrifié. Il détestait ces expéditions nocturnes et songeait sérieusement à quitter la maison.

Un jour, en passant devant le poulailler, Antoine vit une affiche. Il lut :

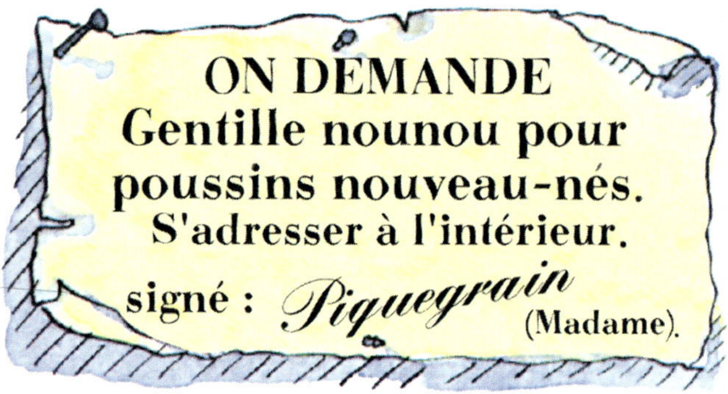

Il frappa à la porte. Madame Piquegrain ouvrit... et s'évanouit aussitôt.

– Je viens pour la petite annonce, dit Antoine lorsqu'elle eut repris connaissance. Je voudrais m'occuper de vos poussins.
– Les renards ne gardent pas les poules, répliqua Madame Piquegrain, méfiante. Ils les mangent.
Antoine pensa à sa famille.
– Oui, je sais, admit-il. Mais pas moi.

À ce moment-là, les poussins apparurent. Ils aimèrent tout de suite Antoine avec son pelage tout doux et son regard tendre. Ils étaient trop jeunes pour avoir peur d'un renard.

Madame Piquegrain regarda Antoine attentivement. Elle avait besoin de quelqu'un très vite pour garder ses petits.

– Quand pouvez-vous commencer ? demanda-t-elle.

– Aujourd'hui même, répondit Antoine.

– Bien, c'est d'accord. Mais gare à vous ! J'ai six poussins. Je les ai comptés deux fois. S'il en disparaît un seul, j'avertirai immédiatement le fermier.

Antoine rentra chez lui pour faire sa valise et dire au revoir à sa famille.

– Où vas-tu ? demanda Maman Renard.
– À la ferme, dit Antoine.
– Mais ce n'est pas encore l'heure du dîner ! s'étonna Papa Renard.
– J'ai trouvé du travail, fit Antoine.
– Que vas-tu faire ? interrogèrent Lucie et Denis.
– Des choses, répondit-il sans préciser.

Il ne voulait rien expliquer au sujet des poussins. Il savait que sa famille ne comprendrait pas.

C'est ainsi qu'Antoine devint Nounou Renard. Les poussins l'adoraient. Mais qu'il était difficile de surveiller les six à la fois ! Antoine passa la première journée à les compter puis à les recompter : Un, deux, trois, quatre, cinq... six.

Le lendemain, Antoine trouva un vieux vélo dans l'étable. À l'avant du guidon, se trouvait un panier juste assez grand pour contenir les six poussins.

Alors, ils passèrent la journée à circuler au beau milieu des animaux de la basse-cour.

Antoine apprit toutes sortes de jeux aux poussins. Il les fit grimper sur son dos. Il organisa des courses à travers champs et…

… des batailles d’oreiller, le soir, au coucher. Les plumes volaient partout dans le poulailler. Les poussins étaient ravis, mais Madame Piquegrain, elle, n’était pas contente.

Une nuit, tandis que les poules, blotties les unes contre les autres, dormaient profondément, deux renardeaux se faufilèrent en douce à l'intérieur du poulailler.

C'étaient Lucie et Denis qui chassaient seuls pour la première fois.

Soudain, un cri perçant retentit. Denis avait arraché Madame Piquegrain de son perchoir et Lucie la tirait dans la cour. Antoine se précipita pour voir ce qui se passait.

Il découvrit la malheureuse poule ballottée en tous sens comme un vieux sac de pommes de terre.

– Elle est à moi ! criait Lucie.
– Je l'ai attrapée en premier ! hurlait Denis.

Madame Piquegrain caquetait de toutes ses forces.

– Arrêtez ! ordonna Antoine en se jetant sur Denis et en attrapant Lucie par l'oreille. Lâchez-la !

Le chahut réveilla les autres animaux.
Ils se mirent à bêler, à meugler, à grogner tous en chœur.
La ferme s'éclaira.
À son tour, le fermier cria tant et si bien que les deux renards lâchèrent leur proie et prirent la fuite. Antoine, lui, se cacha sous le poulailler.

Denis et lucie coururent jusqu'à la maison et racontèrent leur mésaventure à Maman et Papa Renard.

– C'est Antoine qui gardait le poulailler, dit Denis.
– Il m'a tiré l'oreille, se plaignit Lucie.
– Hum ! fit Maman Renard, pensive. Si Antoine est installé à la ferme, nous devrons chasser ailleurs.
Cette nuit-là, il n'y eut pas de grosse poule pour le dîner.

À la ferme, Madame Piquegrain gisait par terre, dans un piteux état. Antoine sortit de sa cachette, la ramassa et la déposa délicatement sur un tas de foin. Il lissa ses plumes toutes froissées.

Les poussins apeurés dégringolèrent du poulailler et entourèrent leur mère. Elle ouvrit aussitôt un œil et vit Antoine penché au-dessus d'elle :

– Tu as essayé de me manger, hein ?

Antoine secoua la tête.

Les poussins prirent sa défense.

– C'est Nounou Renard qui t'a sauvée ! piaillèrent-ils en chœur.

Madame Piquegrain poussa un soupir de soulagement et prit trois petits au creux de ses ailes. Les trois autres se blottirent dans les pattes d'Antoine, qui sourit tendrement.

— Je vous aime vraiment beaucoup, dit-il. Je ne vous mangerai jamais.

C'est
fini.